말미잘은 흰동가리에게
보금자리가 되어 주고, 흰동가리는
말미잘에게 먹이를 제공해
주면서 서로 돕고 살아.

글 고영이

대학에서 지리교육을 공부하고, EBS에서 방송 작가로 일했습니다.
어린이 프로그램을 하면서 그림책에 관심을 갖게 되었고,
현재는 그림책을 쓰고, 번역하는 일을 하고 있습니다.
쓴 책으로는 <점 점 점으로 무엇을 만들까?>, <내 기분은 말이야>,
<그냥 사랑해!>, <김홍도의 서당 이야기> 등이 있습니다.

그림 이광익

서울에서 태어났으며, 대학에서 시각 디자인을 전공하고, 1995년부터
그림책 만드는 작업을 하고 있습니다. 숲에 가는 걸 좋아해서
배낭에 수첩과 연필을 챙겨 그곳에서 일어나는 재미있는 이야기들을
그려 보곤 합니다. 그린 책으로는 <한들한들 바람 친구 부채>,
<피타고라스, 수의 세계를 열다> 등이 있습니다.

감수 김남일

서울대학교 사범대학 생물교육과를 졸업하고, 동 대학원에서 과학교육
박사 학위를 받았습니다. 1985년부터 서울사대부고, 삼성고, 경기여고에서 생물
교사로 재직하였고, 1997년부터 춘천교육대학교 과학교육과 교수로 재직
중입니다. 춘천교육대학교 교육대학원장, 한국생물교육학회 회장,
한국생물과학협회 부회장으로 활동하였고,
한국 동식물도감 심의 위원으로 활동하였습니다.
쓴 책으로는 <초등학교 과학 교과서>, <중학교 과학 교과서>,
<고등학교 생물 교과서> 및 <형태로 찾아보는 우리 새 도감>,
<분자로부터의 생명 과학>, <생물실험지도 백과> 등을 집필하였으며,
<생명 과학>(광림사), <놀다 보면 곤충을 발견해요> 등을 번역하였습니다.

동물 · 공생 11 다 데려갈 거야

고영이 글 · 이광익 그림 · 김남일 감수
펴낸곳 (주)아람키즈 | 펴낸이 이소영 | 주소 서울특별시 성동구 성수이로 147, 아이에스비즈타워 2F
고객센터 1644-4521 | 팩스 02-468-5548 | 홈페이지 www.aramkids.co.kr | 출판등록 제2020-000011호
기획 · 편집 · 디자인 (주)아람키즈 하늘땅
ISBN 979-11-6543-520-2 979-11-6543-574-5(세트)

• 눈을 편안하게 해 주는 친환경 식물성 원료인 콩기름 잉크로 인쇄하였습니다.
⚠ 책 모서리가 날카로워 다칠 수 있으니 사람을 향해 던지거나 떨어뜨리지 마십시오.
⚠ 종이에 베이거나 긁힐 수 있으므로 주의해 주십시오.

다 데려갈 거야

고영이 글 · 이광익 그림 · 김남일 감수

아람키즈

토끼에게 **골탕***을 먹은 거북이 여우를 찾아갔어.

“둘이 먹다 하나가 죽어도 모를 정도로 맛있는 토끼 고기를 먹어 봤니?”

“아니.”

“지금까지 그 맛있는 걸 못 먹어 보다니, 쯧쯧!”

여우는 몇 날 며칠 밤을 지새웠지.

토끼 고기 생각이 나서 말이야.

그러던 어느 날, 여우는 우연히 땅을 파고 있는 토끼를 발견했어.
"이런, 힘들게 땅을 파서 겨우 당근 씨앗을 심는 거야?
우리 집에 가면 온갖 맛난 걸 먹을 수 있는데.
나랑 같이 가지 않을래?"
듣고 있던 토끼가 고개를 끄덕였어.
"잘 생각했어. 절대 후회하지 않을 거야."

급한 마음에 여우는 토끼를 재촉했어.
그러자 토끼가 소리쳤지.
"잠깐!"

토끼가 여우를 보며 말했어.

**"동백나무를 두고는 절대 갈 수 없어.
내가 동백꽃을 얼마나 좋아하는데."**

그러자 여우가 말했지.

"좋아, 통째로 캐서 가져가지 뭐.
우리 집 마당에서 키우면 돼!"

여우는 땀을 뻘뻘 흘리며 동백나무를 캤어.

"뿌리가 다치지 않게 살살 들고 가면 되지?"

여우가 다시 토끼를 재촉했어.

그러자 토끼가 소리쳤지.

"잠깐!"

"동백나무만 가지고 가면 안 돼. 동박새도 데려가야 해."

"동박새는 왜?"

급한 마음에 여우는 화가 조금 났어.

"동박새는 동백꽃의 꿀을 먹는 새인데,

동박새가 아니면 누구도 동백꽃의 꽃가루를

옮겨 주지 않거든.

동백꽃이 열매를 맺으려면 동박새가 필요하지."

동백나무는 새들이 먹을 것을 구하기 어려운 겨울에 꽃을 피워 동박새가 맛있는 꿀을 실컷 먹을 수 있게 해 주어요. 동박새는 동백꽃의 꽃가루를 옮겨 주어 열매를 맺게 해 주지요.

그때 여우는 거북에게 들었던 말이 생각났어.
"아하, 바다에도 비슷한 친구들이 있었지!
말미잘이랑 흰동가리!
말미잘은 독으로 커다란 물고기를 쫓아
흰동가리의 집이 되어 주고, 흰동가리는
움직이지 못하는 말미잘에게 먹이를 주지.
한마디로 서로 도와주며 살아가는 친구들이야."

그러자 토끼도 맞장구를 쳤어.

"내 친구인 진딧물에게도 그런 친구가 있어.

바로 개미들이지.

무당벌레가 와서 진딧물을 잡아먹으려고 하면

어디선가 개미가 나타나서 쫓아 주거든.

대신 개미에게는 엉덩이에서 나오는 단물을 내주지.

개미들은 그 단물을 얼마나 맛있게 먹는지 몰라."

"우아, 그렇구나. 그나저나 동박새를 어떻게 잡는담?"

여우는 그물을 챙기고 동박새를 잡으러 떠났어.
이쪽저쪽으로 동박새를 잡느라 아주 바빴지.

한참 뒤에 여우가 동박새 두 마리를 데려왔어.

"헥헥! 얼른 우리 집으로 가자!"

안달이 난 여우는 토끼를 재촉했지.

그러자 토끼가 소리쳤어.

"잠깐!"

토끼가 여우를 보며 말했어.
"내가 진짜 좋아하는 새가 있는데
그 새도 꼭 데려가고 싶어."
"또 무슨 새?"
여우는 화가 잔뜩 난 목소리로 말했지.

“악어새라는 새야.
그 새를 데려갈 수 없다면 너희 집에 안 갈 거야.”
“알았어, 내가 데려올게.”

한참 뒤에 여우가 악어새 두 마리를 데려왔어.
"헥헥, 헉헉! 이제 우리 집으로 가자!"
커다란 동백나무를 싣고,
동박새 새장과 악어새 새장까지 싣고서
여우는 토끼를 재촉했어.

그러자 토끼가 또 소리쳤지.

“잠깐!”

“또 뭐야?”

악어를 잡으러 간 여우는

한 달이 지나고, 두 달이 지나도 돌아오지 않았어.

악어를 보자마자 너무 무서워서
도망쳤다는 이야기도 있고,
악어한테 잡아먹혔다는 이야기도 있지만,
토끼는 관심 없었지.
여우가 더 이상 귀찮게 하지 않아서 좋았거든.

또 다른 공생 관계인 동물들을 알아볼까?

서로 도움을 주고받으며 함께 살아가는 공생 관계인 동물들이 있어요. 어떤 공생 동물들이 있는지 함께 살펴보아요.

타조와 얼룩말

타조들은 물을 찾아 이동할 때 얼룩말들과 무리를 지어 이동하기도 해요. 타조는 얼룩말보다 시력이 좋고 얼룩말은 타조보다 청각과 후각이 좋아요. 그래서 타조와 얼룩말은 발달한 감각을 이용해 적이 나타났을 때 서로에게 위험을 알려 주며 도망칠 수 있게 도와주지요.

임팔라와 붉은부리소등쪼기새

임팔라의 귀에 대고 속삭이는 듯한 붉은부리소등쪼기새는 임팔라의 귓속을 청소해 주어요. 붉은부리소등쪼기새는 임팔라의 귓속에 있는 진드기나 벼룩 등을 먹으며 배를 채우지요. 임팔라의 귀지는 소화를 도와준다고 해요. 붉은부리소등쪼기새는 임팔라 외에도 얼룩말, 코끼리 등 약 15개 종류의 초식 동물과도 공생 관계예요.

망둥이와 딱총새우

망둥이가 주위를 둘러보며 경계를 서고 있을 때 딱총새우는 열심히 구멍에서 모래나 작은 돌들을 밖으로 파내요. 그러다가 주변에 위험한 물고기가 나타나면 망둥이가 눈이 나쁜 딱총새우에게 신호를 보내 주지요. 그러면 딱총새우는 망둥이와 함께 자기가 파 놓은 구멍 속으로 잽싸게 숨어요.

곰치와 청소새우

이빨이 날카로운 곰치 입 속에는 화려한 무늬를 가진 청소새우가 살아요. 그런데 곰치는 왜 청소새우를 잡아먹지 않을까요? 청소새우가 곰치 이빨 사이에 낀 찌꺼기를 없애 주기 때문이에요. 청소새우는 이 찌꺼기를 먹으며 살아가지요.

서로 도움을 주고받는 공생 관계는 '상리 공생'이라고 하고, 한쪽만 도움을 받는 공생 관계는 '편리 공생'이라고 해요.

"여우야! 진짜 마지막 부탁인데,
악어새는 악어랑 꼭 함께 있어야 해.
악어새는 악어의 이빨을 청소해 주면서
이빨 사이에 낀 음식을 먹거든.
악어를 데려가지 않으면 악어새는 굶어 죽을 거야."
여우가 한숨을 쉬었어.
"어유, 알았어. 악어를 데려오면 되는 거지?
이제 더 이상은 안 돼, 약속해."
토끼와 여우는 손가락을 걸고 약속했지.

신나는 과학놀이

문제 다음 중 공생 관계가 **잘못된 것**은 어느 것일까요?

① 
말미잘과 흰동가리

② 
여우와 토끼

③ 
동박새와 동백나무

④ 
개미와 진딧물

정답은? ① ② ③ ④

문제 공생 관계인 생물들이 서로 어떻게 도와주는지 말하고 있어요.
잘못된 말을 고르세요.

① 우리 개미는 무당벌레로부터 진딧물을 보호해 주지.

② 우리 동박새는 동백꽃의 꽃가루를 옮겨 주지.

③ 우리 진딧물은 개미에게 단물을 내주지.

④ 우리 말미잘은 흰동가리를 공격하지.

정답은? ① ② ③ ④

정답: 2, 4